0

zero

sıfır

10

dez

on

20

vinte

yirmi

30

trinta

otuz

40

quarenta

kırk

50

cinquenta

elli

60

sessenta

altmış

70

setenta

yetmiş

80
oitenta

seksen

90
noventa

doksan

100
cem

yüz

1000
mil

bin

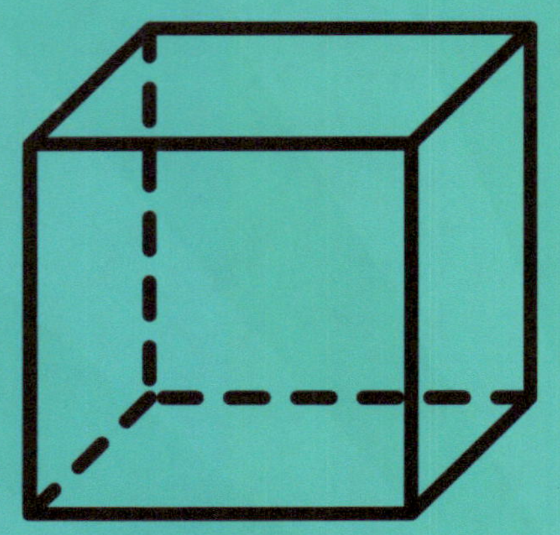

cubo

küp

bloco

blok

cubo de gelo

buz küpü

caramelo

karamel

açúcar

şeker

dados

zarlar

caixa de presente

hediye kutusu

caixa de papelão

karton kutu

esfera

küre

colher de sorvete

dondurma topu

pérola

inci

bolha

baloncuk

mármores

misketler

planeta

gezegen

bola de neve

kartopu

bola de ténis

tenis topu

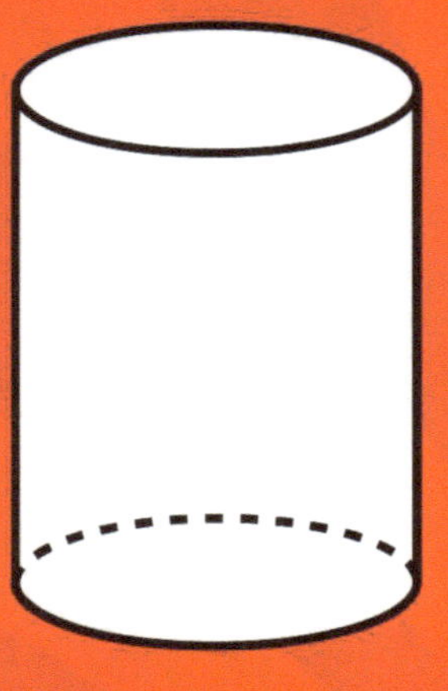

cilindro

silindir

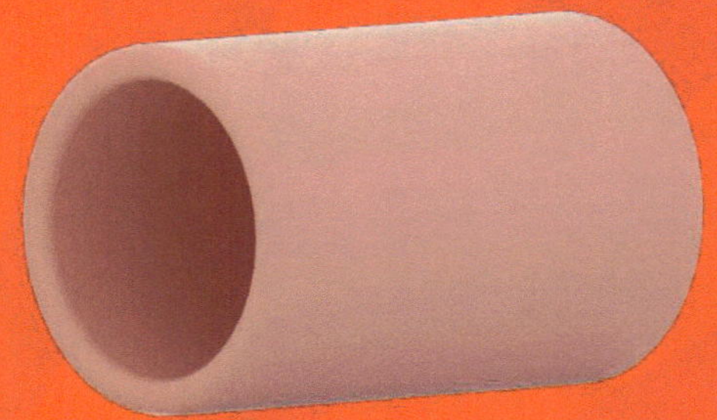

tubo

tüp

baterias

piller

carretel de linha

iplik makarası

canela

tarçın

rolo da massa

oklava

salsicha

sosis

fardo de feno

saman balyası

cone

koni

cone de trânsito

trafik konisi

cone de gelado

dondurma külahı

chapéu de bruxa

cadı şapkası

calabouço

zindan

abeto

köknar ağacı

chapéu de festa

parti şapkası

caracol

salyangoz

amora

böğürtlen

groselha

frenk üzümü

clementina

klemantin mandalina

durião

durian meyvesi

pitaia

ejder meyvesi

jaca

jak meyvesi

carambola

yıldız meyvesi

espargos

kuşkonmaz

rabanete

turp

feijão-vermelho

kırmızı fasulye

nabo

şalgam

mandioca

manyok

inhame

tatlı patates

grão-de-bico

nohut

águia

kartal

morcego

yarasa

castor

kunduz

flamingo

flamingo

corvo

kuzgun

melro

karatavuk

chapim-azul

mavi baştankara

pega

saksağan

andorinha

kırlangıç kuşu

cotovia

tarla kuşu

periquito

muhabbet kuşu

pica-pau

ağaçkakan

pavão

tavuskuşu

papagaio

papağan

tucano

tukan

cegonha

leylek

coral

mercan

anémona-do-mar

deniz anemonu

ouriço-do-mar

denizkestanesi

cavalo-marinho

denizatı

peixe-palhaço

palyaço balığı

peixinho dourado

Japon balığı

caranguejo

yengeç

caranguejo eremita

münzevi yengeç

golfinho

yunus

narval

denizgergedanı

polvo

ahtapot

lula

kalamar

tubarão-baleia

orca

baleia azul

baleia-beluga

tubarão-martelo

çekiç kafalı köpekbalığı

tubarão-branco

beyaz köpek balığı

tubarão-limão

limon köpek balığı

tubarão-tigre

kaplan köpek balığı

gafanhoto

çekirge

lagarta

tırtıl

escorpião

akrep

lagarto

kertenkele

dinossauros

dinozorlar

cabelo preto

siyah saç

cabelo ruivo

kızıl saç

cabelo castanho

kahverengi saç

cabelo louro

sarı saç

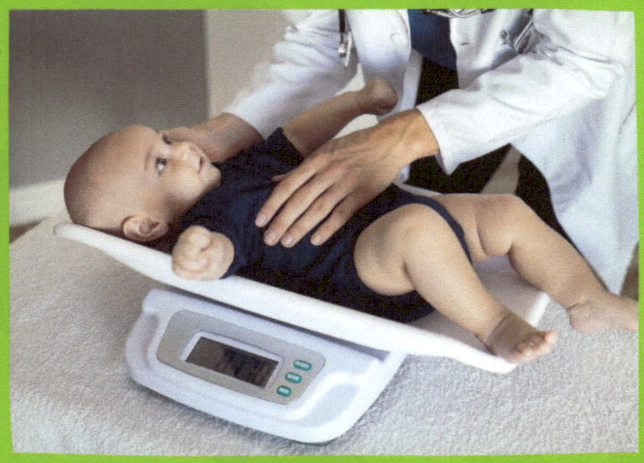

balança

ölçek

hospital

hastane

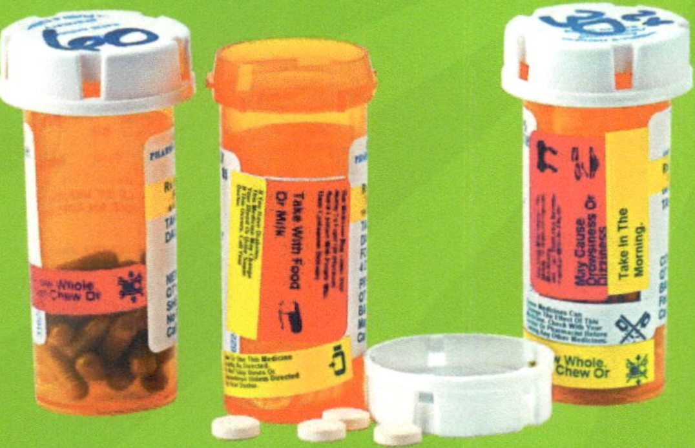

medicina

ilaç

termómetro

termometre

ligadura

sargı

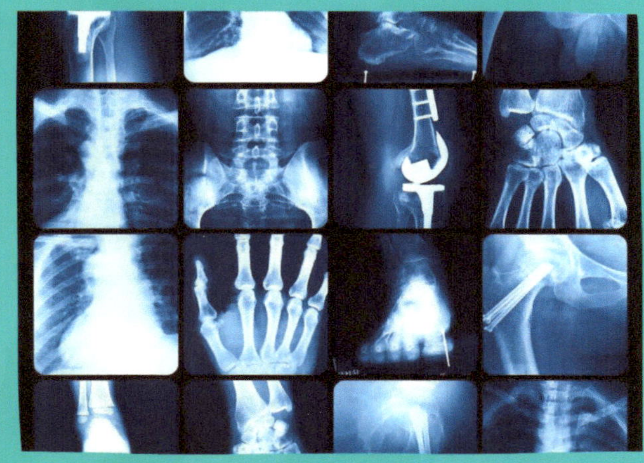

raio-x

röntgen

médico

doktor

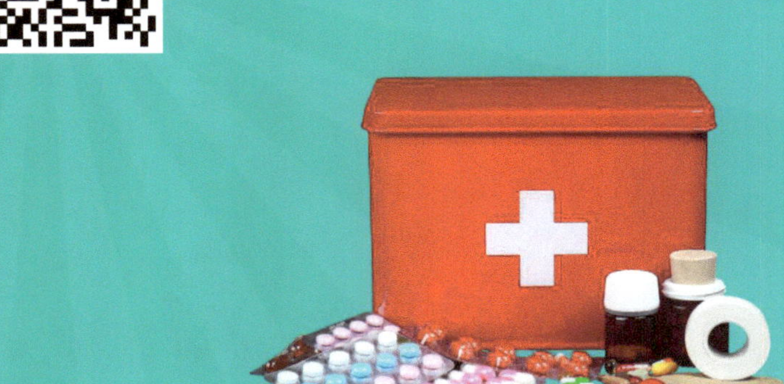

kit de primeiros socorros

ilk yardım çantası

jogar

oynamak

desenhar

çizmek

contar

saymak

escrever

yazmak

dança

dans

natação

yüzme

esquiar

kayak yapmak

basquetebol

basketbol

ténis

tenis

pingue-pongue

masa tenisi

futebol

futbol

passeios a cavalo

binicilik

hóquei no gelo

buz hokeyi

judo

judo

boxe

boks

corrida

koşu

basebol

beyzbol

críquete

kriket

rúgbi

ragbi

voleibol

voleybol

maracas

marakas

pandeireta

tef

xilofone

ksilofon

violino

keman

piano

piyano

guitarra

gitar

violoncelo

çello

harpa

arp

tambor

davul

djembe

djembe

bateria

bateri seti

trompete

trompet

trompa

korno

saxofone

saksafon

flauta

flüt

auscultadores

kulaklık

cantar

şarkı söylemek

partitura

nota

microfone

mikrofon

www.ingramcontent.com/pod-product-compliance
Lightning Source LLC
Chambersburg PA
CBHW042102110726

48006CB00002B/494